J French 415 Gra

Gravel, F.
Cocorico!

PRICE: $10.48 (jnf/m)

DU MÊME AUTEUR CHEZ QUÉBEC AMÉRIQUE

Jeunesse

Schlick! – Tout plein d'histoires avec des mots, 2012.
Le Guide du tricheur – Les Jeux, 2012.
Hò, coll. Titan+, 2012.
La Cagoule, coll. Titan+, 2009.
Lola superstar, coll. Bilbo, 2004.
Kate, quelque part, coll. Titan+, 1998.
Le Match des étoiles, coll. Gulliver, 1996.
Guillaume, coll. Gulliver, 1995.
 • **Mention spéciale prix Saint-Exupéry (France)**
Granulite, coll. Bilbo, 1992.

SÉRIE KLONK
12 titres parmi lesquels
Klonk contre Klonk, coll. Bilbo, 2004.
Le Testament de Klonk, coll. Bilbo, 2003.

SÉRIE SAUVAGE
Sauvage, série regroupée, 2010.
6 titres parmi lesquels
Sales crapauds, coll. Titan, 2007.
Les Horloges de M. Svonok, coll. Titan, 2007.

Adulte

À deux pas de chez elle, coll. Tous Continents, 2011.
Voyeurs, s'abstenir, coll. Littérature d'Amérique, 2009.
Vous êtes ici, coll. Littérature d'Amérique, 2007.
Mélamine Blues, coll. Littérature d'Amérique, 2005.
Adieu, Betty Crocker, coll. Littérature d'Amérique, 2003.
Fillion et frères, coll. Littérature d'Amérique, 2000, coll. QA compact, 2003.
Je ne comprends pas tout, coll. Littérature d'Amérique, 2002.
Ostende, coll. Littérature d'Amérique, 1994, coll. QA compact, 2002.
Vingt et un tableaux (et quelques craies), coll. Littérature d'Amérique, 1998.
Miss Septembre, coll. Littérature d'Amérique, 1996.
Les Black Stones vous reviendront dans quelques instants, coll. Littérature d'Amérique, 1991.

FRANÇOIS GRAVEL
Illustrations : Katy Lemay

Cocorico !

TOUT PLEIN D'HISTOIRES QUI PARLENT DES LANGUES

Québec Amérique

Catalogage avant publication de Bibliothèque et Archives nationales du Québec et Bibliothèque et Archives Canada

Gravel, François
Cocorico!
Pour les jeunes de 9 ans et plus.
ISBN 978-2-7644-2215-1 (version imprimée)
ISBN 978-2-7644-2341-7 (PDF)
ISBN 978-2-7644-2342-4 (EPUB)
1. Grammaire comparée et générale - Ouvrages pour la jeunesse.
I. Lemay, Katy. II. Titre.

P201.G732 2013   j415   C2012-941872-2

  Conseil des Arts   Canada Council
du Canada   for the Arts

Nous reconnaissons l'aide financière du gouvernement du Canada par l'entremise du Fonds du livre du Canada pour nos activités d'édition.

Gouvernement du Québec – Programme de crédit d'impôt pour l'édition de livres – Gestion SODEC.

Les Éditions Québec Amérique bénéficient du programme de subvention globale du Conseil des Arts du Canada. Elles tiennent également à remercier la SODEC pour son appui financier.

Québec Amérique
329, rue de la Commune Ouest, 3e étage
Montréal (Québec) Canada H2Y 2E1
Téléphone : 514 499-3000, télécopieur : 514 499-3010

Dépôt légal : 1er trimestre 2013
Bibliothèque nationale du Québec
Bibliothèque nationale du Canada

Projet dirigé par Stéphanie Durand
Révision linguistique : Chantale Landry et Annie Pronovost
Illustrations : Katy Lemay
Direction artistique : Célia Provencher-Galarneau

Imprimé en Chine
10 9 8 7 6 5 4 3 2 1   16 15 14 13 12
PO 521

Tous droits de traduction, de reproduction et d'adaptation réservés
www.quebec-amerique.com

© 2013 Éditions Québec Amérique inc.
www.quebec-amerique.com

À Sheila et Don,
qui passent si bien d'une langue à l'autre

PEEP PEEP!

Vos parents vous ont-ils enseigné que les coqs font *cocorico*, les canards *coin-coin* et les oiseaux *cui-cui*? Ils sont sûrement francophones. S'ils vous ont dit en plus que votre saint-bernard fait *wouf wouf* quand il jappe, je parie qu'ils sont Québécois. En France, on apprend plutôt aux enfants que les chiens font *ouah ouah* lorsqu'ils aboient. Si vos parents avaient été anglophones, ils vous auraient montré que les coqs font *cock a doodle do*, les canards *quack quack* et les chiens *bark bark*, ou *arf arf*. Et si vous étiez né en Corée, on vous aurait dit que les coqs font *gugugugu*, les canards *squeak squeak* et les chiens *meong meong*! J'aimerais bien voir à quoi ressemblent les chiens coréens: ont-ils été croisés avec des chats?

Tous ces mots, qu'on appelle des onomatopées, sont différents d'une langue à l'autre. En allemand, les oiseaux font *peep peep*, comme le Road Runner ! Les chiens allemands me semblent plus normaux : ils font *wau wau* ou *waff waff*. Les chiens arabes ressemblent à de vrais chiens eux aussi : ils font *haw haw* ! Mais pouvez-vous imaginer des épagneuls qui font *guau guau* (en espagnol), *vauvau* (en hongrois) et *bau bau* (en italien) ? Le seul point commun, c'est qu'ils aboient toujours deux fois !

Les oiseaux font pour leur part *tweet tweet* en anglais, *kumu kumu* en cingalais, *pio pio* en espagnol et *koo koo* en tamoul. À bien y penser, cela peut se comprendre : peut-être s'agit-il d'espèces différentes. Mais comment expliquer alors que les canards font *quak quak* en allemand, *paa paa* en bulgare, *kwek kwek* en indonésien et *cap cap* en vietnamien ? Vous me direz qu'il y a aussi plusieurs sortes de canards… D'accord, mais pourquoi alors les canons font-ils *boum* en français, *bang* en anglais, *pum* en espagnol, *kaboom* en grec, *dor* en indonésien et *dishum* en tamoul ? Les canons tamouls auraient-ils attrapé le rhume ?

Puisque nous parlons de rhume, saviez-vous que les Japonais ne font pas *atchoum* quand ils éternuent, mais *hakushon,* et que leur cœur ne fait pas *boum boum*, mais *doki doki* ? Si mon cœur commençait à émettre un bruit semblable, je courrais vite voir mon médecin ! On dirait un cœur de robot !

J'espère d'ailleurs que les infirmières et les médecins qui travaillent dans des pays étrangers suivent de bons cours de langue, sinon ils risquent d'être surpris en entendant des cœurs faire *dunk dunk* en Suède, *tuk tuk* en Lituanie, *thump thump* en Angleterre et *bank bank* au Danemark !

Quelle que soit la langue qu'on parle, le cœur fait évidemment le même bruit partout (il fait *boum boum*, comme tout le monde le sait !). C'est quand vient le moment de traduire des sons en mots que les habitants des différents pays de la terre font preuve d'une imagination sans borne. Ils en ont tout autant pour inventer des expressions et ils ont parfois des façons surprenantes de construire leurs phrases. Même leurs alphabets sont différents !

Il est impossible de déterminer avec précision le nombre de langues parlées dans le monde, mais selon les experts, il en existerait aujourd'hui entre 3 000 et 7 000 ! Tout ça nous complique la vie et on peut certainement s'en désoler. Mais on peut aussi s'en amuser, comme nous le verrons dans les chapitres suivants !

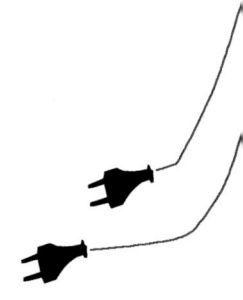

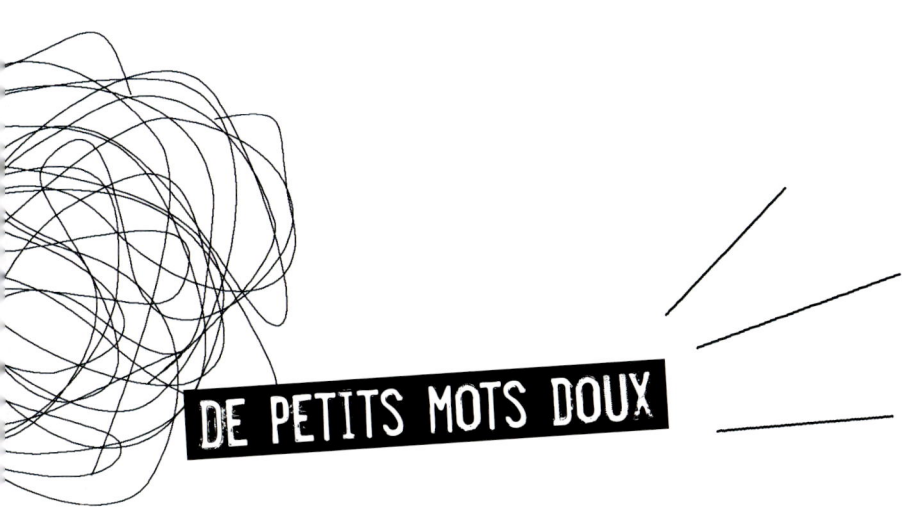

DE PETITS MOTS DOUX

En français, en anglais, en italien ou en espagnol, nous avons l'habitude d'utiliser des petits mots très commodes, comme les conjonctions (et, mais, ou) et les déterminants (le, la, un, une, mon, ton, son). Si je dis «je vois ton chien», ça ne veut pas dire la même chose que «je vois un chien». Et si j'affirme que je désire manger *du* bœuf, il ne faut surtout pas comprendre que je veux manger *un* bœuf!

Pourtant, les Russes et les Chinois, comme la plupart des habitants de la terre, n'utilisent pas de déterminants. Ils disent «je vois chien» ou «donne-moi bœuf». S'ils veulent manger un steak plutôt que la bête au complet, ils doivent s'y prendre autrement pour se faire comprendre.

Les déterminants sont bien commodes, mais il nous arrive à nous aussi de les escamoter pour nous simplifier la vie. Plutôt que de dire « je suis un plombier », par exemple, je dirais « je suis plombier ». Il ne me passerait cependant jamais par la tête de dire « je veux gâteau ». Les Allemands ont des règles semblables, et il est très utile de les connaître quand on essaie de parler leur langue. C'est ce qu'a appris à ses dépens l'ancien président américain John F. Kennedy. Un jour qu'il faisait un discours très important devant des milliers de personnes en Allemagne, il s'est exclamé : « Ich bin ein Berliner. » Cela ne voulait cependant pas dire « Je suis Berlinois », comme il le croyait, mais plutôt « Je suis un beignet à la fraise ».

Winston Churchill, qui était le premier ministre de l'Angleterre pendant la Seconde Guerre mondiale, a fait bien pire. Un jour qu'il était en France, il a voulu commencer un discours en disant : « Quand je regarde derrière moi... » Il a cependant fait une erreur et il a plutôt affirmé ceci : « Lorsque je regarde mon derrière, je le vois divisé en deux parties ! »

Nos amis les anglophones aiment les mots courts. Et quand ils en trouvent un, ils l'utilisent à toutes les sauces. Le mot *set*, par exemple, peut vouloir dire « série », « trousse », « collection », « plateau de cinéma », « coiffure », « régler », « poser »... En tout, il a 194 significations différentes ! Les anglophones peuvent aussi créer des dizaines de mots nouveaux en ajoutant des adverbes comme *in, out, off*. *To set in*, par exemple, signifie « surgir », tandis que *to set up* veut dire « établir », alors que *to set off*, c'est « se mettre en route » !

Pour les Vietnamiens, c'est beaucoup plus simple : dans leur langue, tous les mots n'ont qu'une syllabe, et ils sont toujours invariables. Les noms s'écrivent de la même manière au singulier ou au pluriel, au féminin et au masculin. Les verbes ne se conjuguent même pas ! Ils disent « je aller, tu aller, il aller, nous aller... ». Pour mettre le verbe au futur ou au passé, il suffit d'ajouter d'autres mots. « Je manger bientôt », par exemple, ou « Je manger hier ». N'est-ce pas plus simple de cette manière ?

Si vous pensez que cette langue doit être facile à apprendre, détrompez-vous ! Selon la façon que vous avez de les prononcer, ces mots très simples peuvent avoir des sens complètement différents. Le mot *Ho*, par exemple, peut s'écrire avec plusieurs accents sur le o, et signifier « lac », « colle », « renard », « rougir », « tigre », « trou », « tousser » ou « appeler » ! Le mot *Li*, de la même façon, peut vouloir dire « petite quantité », « immobile », « lieu », « raison »... Si vous entrez dans un magasin pour vous procurer une petite quantité de colle, vous risquez donc de vous retrouver avec un tigre. J'espère pour vous qu'il restera immobile !

Plus étrange encore, les Vietnamiens, tout comme les Chinois, n'ont pas de mot pour dire « oui » ou « non ». Si on vous demande « Voulez-vous des nouilles ? », vous devez répondre en disant « Je vouloir des nouilles » ou alors « Je vouloir négatif nouilles »... en espérant que le serveur vous a bien compris et qu'il ne reviendra pas avec un tigre !

Un petit conseil en passant : n'essayez jamais de jouer à « ni oui ni non » avec un Chinois ou un Vietnamien : il vous rendra fou !

TOUT DE SUITE LES GRANDS MOTS !

Les Indiens navajos habitaient dans des wigwams, de grandes tentes qui pouvaient abriter dix ou vingt personnes. Elles étaient faites de longues perches de bois recouvertes d'écorce de bouleau et on y entrait par une ouverture qui était fermée, en hiver, par des peaux d'animaux. Il n'y avait pas de portes dans leurs wigwams, ce qui fait que les Navajos n'avaient aucun mot pour désigner ces panneaux qui s'ouvrent et se ferment.

Quand ils ont vu des portes dans les maisons des Blancs, ils les ont appelées des « planchers mobiles établissant un chemin lequel empêche de sortir sans entrave vers l'extérieur » !

Imaginez le professeur qui désirerait mettre à la porte de sa classe un petit Navajo dissipé : « Doli ! Prends immédiatement le plancher mobile établissant un chemin lequel empêche de sortir sans entrave vers l'extérieur et va voir le directeur ! » Si j'étais ce professeur, j'essaierais de lui trouver une autre punition !

Il ne faut pas croire que tous leurs mots sont aussi longs. Les Amérindiens semblent au contraire très doués pour exprimer plusieurs choses avec très peu de lettres. Le prénom navajo Anaba, par exemple, signifie « elle retourne à la guerre ». Pour dire « la fin des eaux profondes », les Montagnais disaient tout simplement « Chicoutimi ».

Les Amérindiens qui habitent la Terre de Feu, au sud de l'Argentine, ont inventé pour leur part le mot *mamihlapinatapai*, qui signifie « échange de regards en espérant que chacun va offrir de faire quelque chose que les deux personnes désirent, mais ne veulent pas faire ». J'aimerais vraiment qu'il existe un mot de ce genre en français !

Les Népalais semblent eux aussi très doués pour former des mots très courts. Dans leur langue, le mot *sagarmatha* signifie « le sommet dont la tête touche le ciel ». C'est ainsi qu'ils désignent le mont Everest.

Tout le monde croit que le mot le plus long de notre langue est « anticonstitutionnellement ». Avec ses 25 lettres, il est certainement impressionnant. Mais en conjuguant certains verbes, on peut cependant faire mieux: le mot «déconstitutionnalisassions» compte 26 lettres!

Si nous nous comparons aux Allemands, nous faisons cependant piètre figure. Ceux-ci adorent coller des mots ensemble pour en former de nouveaux. Le mot *Rindfleischetikettierungsüberwachungsaufgabenübertragungsgesetz*, par exemple, signifie «Loi sur le transfert des obligations de surveillance de l'étiquetage de la viande bovine». J'imagine qu'ils ne doivent pas utiliser ce mot tous les jours!

Et voici maintenant le record mondial, qui appartient aux Suédois: *nordöstersjökustartilleriflygspaningssimulatoranläggningsmaterielunderhallsuppföljningssystemdiskussionsinläggsförberedelsearbeten*! Ce mot de 130 lettres signifie «travail préparatoire pour la contribution au débat sur le maintien d'un système de soutien du dispositif de simulateur de vol de l'aviation faisant partie de l'artillerie installée sur la côte nord-est de la Baltique».

J'espère que les professeurs suédois n'utilisent pas ce mot pour leurs dictées: les élèves pourraient faire plus de cent fautes dans un seul mot!

C'EST DU CHINOIS !

Quand quelque chose me semble incompréhensible, j'ai l'habitude de dire que c'est du chinois. Je me suis toujours demandé si les Chinois ont une expression équivalente : « Je n'y comprends rien ! C'est du français ! »

Il est vrai que la langue chinoise est horriblement compliquée pour nous, et elle l'est presque autant pour les Chinois, du moins quand ils veulent l'écrire. Les Chinois ne parlent d'ailleurs pas le chinois, mais le wu, le gan, le xiang, le hakka, le yué, le min, le cantonais… Le mandarin est parlé par plus de 800 millions de personnes, ce qui en fait la langue la plus utilisée dans le monde. L'anglais et l'espagnol sont cependant plus répandus, puisqu'ils sont parlés par les habitants de plusieurs pays répartis sur tous les continents.

Il existe plusieurs versions du mandarin, comme le 普通話／普通话, par exemple, qu'il ne faut surtout pas confondre avec le 國語／国语! J'avoue qu'il m'arrive parfois de me tromper, surtout quand je suis fatigué...

Pour écrire leur langue, les Chinois utilisent des dessins qu'on appelle des sinogrammes. Il existait autrefois un code d'écriture exclusivement utilisé par des femmes, le nüshu. Pour l'utiliser, il fallait mémoriser plus de 700 lettres différentes. Si vous croyez que c'est beaucoup, accrochez-vous bien à votre chaise : on compte plus de 40 000 sinogrammes, et certains disent qu'il y en aurait 60 000! La plupart de ces dessins sont heureusement de simples variantes graphiques et ne sont plus utilisés de nos jours. Le chinois courant requiert quand même la connaissance de 3 000 à 5 000 signes! Le japonais semble plus facile, puisqu'on peut se débrouiller avec 2 000 dessins!

Dans les écoles chinoises traditionnelles, les écoliers passaient autrefois de longues heures à dessiner des sinogrammes. Si vous n'avez rien à faire un de ces jours, essayez pour voir de dessiner 酒 (vin) 熊 (ours) ou 说 (parler). Vous trouvez que c'est facile? Essayez maintenant de les tracer avec un pinceau ou une plume d'oie! Quand vous aurez réussi, souvenez-vous qu'il vous en reste encore 2 997 à apprendre pour pouvoir commencer à vous *débrouiller*!

Pouvez-vous imaginer à quoi ressemblent leurs claviers d'ordinateurs ? Si vous n'y arrivez pas, ce n'est pas grave : les Chinois utilisent de plus en plus le pinyin, un système de transcription du mandarin qui utilise notre alphabet, auquel ils ont ajouté quelques accents pour indiquer les tons. Tout comme pour le vietnamien ou le japonais, la façon de prononcer les mots est très importante en mandarin. Si vous commandez un *wo* dans un restaurant, vous risquez de vous retrouver avec des escargots ou de la laitue, mais il est possible aussi que le serveur se comporte soudainement d'une drôle de manière : *wo* peut aussi signifier « se coucher » ou « chanter cocorico ! ». Si vous désirez plutôt un filet de poisson (*hu*), assurez-vous de le prononcer comme il faut, sinon le serveur reviendra avec un tigre une fois de plus !

Trouvez-vous encore que le français est difficile à apprendre ?

ALPHABETS

On vous a sans doute enseigné à l'école que notre alphabet, qu'on appelle l'alphabet latin, compte 26 lettres. Eh bien, c'est faux ! Le « é » est très différent du « ê », et dans le mot « œil », le « e » ne se prononce pas de la même façon que dans « Noël » ! Si on tient compte des accents, des cédilles, des trémas et des ligatures (comme le « o » et le « e » de « œuf »), notre alphabet compte en fait 42 caractères différents. Il faut ajouter à cela les « ch » qui ne se prononcent pas toujours de la même façon (on dit un chat et un chien, mais un chrétien ou le chaos), les « ph » qui se déguisent en « f », les « s » qui deviennent parfois des « z » (une église, une phrase), sans parler des lettres muettes, comme le « g » dans « poing » ou le « f » dans « nerf »... et je n'ai rien dit encore des signes de ponctuation, qui peuvent modifier beaucoup le sens d'une phrase, ni de tous ces caractères qu'on retrouve sur les claviers et qu'on utilise parfois pour proférer des insultes ou des jurons : $%?&*!

Notre alphabet est compliqué, c'est vrai, mais il est tout de même simple à utiliser, puisqu'il nous permet de créer une infinité de mots sans être obligés d'inventer chaque fois de nouveaux signes. Si j'écris le mot «boudizapmok», vous pouvez le lire même si vous ne savez pas ce qu'il signifie (moi non plus, d'ailleurs). Vous ne pourriez pas en faire autant avec 體 !

Si vous étiez dans une école arabe, vous devriez apprendre un alphabet qui vous semblerait bien étrange. Il ne compte

que 29 lettres (ouf!) et il n'y a pas de différences entre les minuscules et les majuscules. Jusqu'ici, tout va bien. Il faudrait cependant vous habituer à lire de droite à gauche, et à attacher ensemble presque toutes les lettres. Si vous appreniez cet alphabet pour transcrire un texte en français, cela vous donnerait quelque chose dans le genre de «svrppts rgtcqrs svst?» ce qui signifie, comme vous l'avez sûrement compris: «Êtes-vous sûr que ce tigre est apprivoisé?» Les Arabes, en effet, n'écrivent le plus souvent que les consonnes. Les voyelles, il faut les deviner!

Si je voulais écrire «Albert, mon tigre apprivoisé, se régale de viande fraîche», cela donnerait à peu près ce qui suit:

برت ، نمر بلدي الحيوانات الأليفة ، ويتمرد في اللحوم الطازجة

J'espère que vous n'avez pas oublié de lire de droite à gauche!

Si vous étiez Russe ou Ukrainien, vous utiliseriez l'alphabet cyrillique, qui a été nommé ainsi par son inventeur, le père Cyrille. C'est évidemment une question de goût, mais j'ai toujours trouvé que cet alphabet était très joli. Voyons à quoi ressemblerait notre phrase dans cette langue:

Альберт, мое домашнее животное тигр, наслаждается свежим мясом.

On dirait notre alphabet vu dans un miroir : certaines lettres sont à l'envers !

Et si on allait voir à quoi ressemble notre phrase dans d'autres alphabets ?

Le polonais ressemble au français, sauf qu'il y a des accents sur les consonnes :

Albert, mojego psa tygrys, wakacje na świeżym myasebert !

Et si on traduisait en hindi ?

अल्बर्ट, मेरे कुत्ते, बाघ, ताजा में छुट्टियां !

Plutôt joli, non ? En vietnamien, maintenant ?

Albert, con chó của tôi, con hổ, tươi ngày lễ !

Avez-vous remarqué les accents à deux étages ? Le thaï est encore plus étrange :

อัลเบิร์ต, สุนัข, เสือของฉันวันหยุดพักผ่อน สด !

Et voici maintenant la même phrase en coréen :

알버트, 개, 호랑이, 내 휴가 신선 !

Que se passerait-il maintenant si je retraduisais littéralement cette phrase du coréen au français ?

« Albert, les chiens, les tigres, les frais mes vacances ! »

Cela montre que le métier de traducteur est très difficile et qu'il faut se méfier des outils de traduction automatique qu'on trouve sur Internet !

Ceux qui rédigent les modes d'emploi des produits qu'on achète utilisent parfois ces outils plutôt que de consulter de vrais traducteurs, et cela donne des résultats assez comiques... Sur une machine à laver, par exemple, *gentle cycle* veut dire « cycle délicat », pas « gentille bicyclette » !

Ma mauvaise traduction préférée est celle-ci (il s'agit d'instructions pour un klaxon de bicyclette) : *Quand un passager de pied a en vue, flûtez le klaxon. Trompettez-le mélodieusement au début, mais s'il continue d'obstacler votre passage, alors flûtez-le avec vigueur !*

Ce sont plutôt les vendeurs de klaxons qu'on devrait flûter !

LE SECRET DES NAVAJOS

Les bandits, les soldats et les amoureux ont quelque chose en commun : ils adorent inventer des codes secrets. Quand on prépare un vol de banque, une attaque aérienne ou un rendez-vous pour se bécoter, on ne tient pas à ce que tout le monde le sache.

En temps de guerre, la cryptologie est une activité très importante : si je connais le code secret qu'utilise l'ennemi, je peux prévoir ses attaques et je peux même lui envoyer de faux messages pour l'attirer dans des pièges.

Il y a eu toutes sortes de codes secrets dans l'histoire. Une des méthodes les plus originales nous vient de Nabuchodonosor, roi de Babylone. En plus d'avoir un joli nom, ce roi avait beaucoup d'imagination : il écrivait ses messages sur le crâne rasé de ses esclaves, puis il les envoyait à ses généraux quand leurs cheveux avaient repoussé. Il suffisait ensuite de raser à nouveau les messagers pour lire les textes ! Il ne fallait évidemment pas être trop pressé...

S'il est facile d'inventer un code secret, il est tout aussi facile de le décoder. Pendant la Seconde Guerre mondiale, les Japonais excellaient à déchiffrer les messages radio des Américains, ce qui a causé de lourdes pertes à ceux-ci... du moins jusqu'à ce qu'un certain M. Philip Johnston ait l'idée géniale d'utiliser le langage Navajo comme code secret. Ce fils de missionnaire avait passé 24 ans parmi les Indiens navajos, et il était un des seuls Américains à comprendre leur langue et à la parler. Or cette langue était tellement différente des autres langues que personne ne pouvait la comprendre, pas même les autres peuples amérindiens. Les Japonais ne pourraient jamais mettre la main sur un dictionnaire navajo, pour la bonne raison que ces dictionnaires n'existaient pas. Mieux encore : les Navajos n'avaient même pas d'alphabet !

Dans cette langue, les verbes ne se conjuguent pas de la même façon selon le sujet, mais aussi selon le complément, et ils se prononcent différemment selon que ce complément est un objet long ou court, souple ou flexible, dur ou granuleux, et ainsi de suite. Les Navajos incorporent aussi les adverbes dans les verbes, et ne les disent pas de la même façon si la personne qui parle a expérimenté elle-même ce qu'elle dit ou si elle l'a appris par quelqu'un d'autre. Mettez-vous dans la peau du soldat japonais qui essaierait de comprendre cette langue : il y aurait de quoi s'arracher les cheveux !

La langue navajo avait cependant un défaut : si ces Amérindiens n'avaient pas de mots pour désigner de simples portes, on peut deviner qu'ils n'en avaient pas non plus pour parler des chars d'assaut, des porte-avions ou des grenades. Qu'à cela ne tienne : les Navajos ont fait preuve d'imagination en rebaptisant les tanks des tortues, les grenades des patates et les bombes des œufs. Dans leur langage, les sous-marins devenaient des poissons de fer et l'Angleterre se disait Tuh-ta, c'est-à-dire *limité par la mer*. Pour dire « armée », le mot navajo était *visage de chien*. Imaginez un peu le pauvre Japonais qui aurait enfin réussi à décoder la langue des Navajos et qui aurait appris que *les visages de chiens limités par la mer s'apprêtaient à lancer des patates sur des tortues* !

M. Johnston a engagé plus de 400 Navajos dans son unité pour encoder et décoder les messages. Certains d'entre eux n'avaient que 15 ou 16 ans et mentaient sur leur âge pour joindre les rangs de l'armée. Ils ont participé à plusieurs batailles dans le Pacifique, et Winston Churchill était persuadé que ces Amérindiens avaient joué un rôle décisif dans la victoire. Les Américains en étaient persuadés eux aussi, mais ils ont gardé le secret sur cet épisode de la guerre jusqu'en 1968. Ce code secret leur a été utile très longtemps.

C'est pour rendre hommage à ces Amérindiens que le gouvernement américain a décrété que le 4 août serait la journée nationale des radio-codeurs navajos.

Auriez-vous imaginé qu'on pouvait devenir un héros simplement en parlant une langue compliquée ?

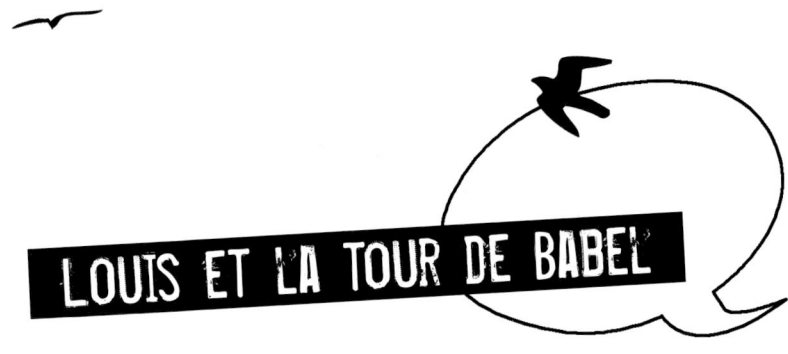

LOUIS ET LA TOUR DE BABEL

On lit dans la Bible une histoire que j'ai toujours trouvée étrange. Il y a très longtemps de cela, selon cette histoire, tous les hommes de la terre parlaient la même langue. Ils eurent un jour l'idée d'ériger dans la ville de Babel une grande tour qui irait jusqu'au ciel. Comme ils parlaient tous la même langue, il leur était facile de s'entendre, et leur tour avançait à grands pas. Quand Il vit cela, Dieu ne fut pas content. « Les hommes deviennent trop orgueilleux, se dit-Il. Mélangeons-les un peu ! » Il multiplia alors les langues, si bien que les hommes, qui ne se comprenaient plus entre eux, ne purent terminer leur projet et se dispersèrent sur la terre. C'est depuis ce temps-là, selon la Bible, que les hommes parlent des langues différentes.

Je suis certain que Louis Zamenhof connaissait cette histoire et il devait sûrement se demander, tout comme moi, pourquoi Dieu avait agi ainsi.

Louis Lazare (Ludwik Lejzer, en polonais) Zamenhof est né en 1859, dans une ville qui s'appelait Bialystok. Cette ville est maintenant située en Pologne, mais à cette époque, ce pays n'existait pas encore. Son père s'exprimait en russe et sa mère en yiddish, une langue parlée par certains juifs. En plus de ces deux langues, il entendait autour de lui des gens converser en allemand et en polonais, et il s'apercevait que ces gens se comprenaient parfois très mal, ce qui engendrait du racisme. Il se mit donc à apprendre le plus de langues possible et maîtrisa bientôt, en plus du russe et du yiddish, le polonais, l'allemand et l'hébreu. On dit qu'il possédait aussi une connaissance plus que correcte du latin, du grec ancien, de l'anglais et du français. Un coup parti, il étudia aussi l'italien et l'araméen. Ce n'est pas mal, surtout si on considère qu'il apprenait ces langues à temps perdu, puisqu'il a étudié la médecine et qu'il a aussi trouvé le moyen d'inventer une machine à écrire !

Louis Zamenhof remarqua que certaines de ces langues avaient des mots en commun et il se mit à rêver d'une nouvelle langue que tout le monde pourrait apprendre facilement. Imaginez un peu comme la vie serait plus simple ! Nous pourrions économiser des fortunes en traduction, et nous pourrions surtout mieux nous comprendre. Il y aurait sûrement moins de racisme sur notre planète et même, qui sait, moins de prétextes pour se faire la guerre.

Il inventa donc une nouvelle langue qu'il proposa dans un livre signé Doktoro Esperanto (Docteur qui espère). Aidé de son épouse et de ses enfants, il a essayé de convaincre les gens de l'utiliser… et il a réussi ! Plusieurs personnes se sont en effet mises à apprendre cette langue, qu'ils ont baptisée « esperanto ». Ils ont publié des grammaires, organisé des congrès, traduit des livres dans cette langue… La bonne idée de Louis se répandait partout comme une traînée de poudre, si bien qu'en 1914, on avait prévu faire un grand congrès à Paris, où on attendait 3739 personnes provenant de 50 pays… Mais la Première Guerre mondiale a éclaté, et le congrès n'a pas pu avoir lieu.

Louis ne s'est pas laissé abattre par cette triste nouvelle. Il a continué à faire la promotion de l'esperanto, et il a même eu l'idée de faire avec les religions ce qu'il avait réalisé avec les langues : il a essayé de les étudier et d'en retirer ce qu'elles avaient de meilleur pour en faire une toute nouvelle, qui réunirait les hommes plutôt que les diviser.

Il n'a malheureusement pas pu mener ce projet à terme, car il est mort en 1917. Mais son idée d'une nouvelle langue pour l'humanité n'est pas morte avec lui, au contraire ! Les trois enfants de Louis ont continué à la répandre partout dans le monde, et des millions de personnes l'ont apprise.

J'aimerais bien que cette histoire s'arrête ici, mais je dois à la vérité de raconter la suite telle qu'elle s'est réellement passée. La Seconde Guerre mondiale a éclaté, et Adolf Hitler, qui n'aimait pas l'esperanto, a fait enfermer les trois enfants de Louis dans des camps de concentration, où ils sont morts.

Vous avez sûrement remarqué depuis le début de ce livre que j'ai parfois tendance à faire des blagues. Aujourd'hui, je n'en ai pas envie.

MA CAISSE EST NAZE

«Je me suis *fendu en quatre* pour réparer ma *minoune*, mais j'ai *frappé un nœud*. J'ai eu beau *zigonner autant comme autant*, j'avais tellement de *misère* que j'ai *pogné les nerfs*. Ça *n'avait plus d'allure*! *Astheure*, mon *char* est bon pour la *scrappe*. Mais au lieu de faire la *baboune*, je m'en suis acheté un neuf. Il est *é-cœu-rant*! Je suis *fou comme un balai*!»

Si vous avez compris les passages en italique dans le paragraphe précédent, c'est que vous êtes Québécois, ou alors vous avez séjourné quelque temps au Canada. Dans ce cas, vous savez peut-être aussi ce que c'est qu'un *siffleux*, un *robineux* ou un vieux *ratoureux*.

Si vous n'avez rien compris, ce n'est pas que vous êtes *dur de comprenure*! Vous n'avez probablement jamais mis les pieds au Québec, et vous n'avez jamais entendu ces expressions et ces mots très courants. Il est donc tout à fait normal que vous ne les compreniez pas, et vous n'êtes pas *niaiseux pour cinq cennes*! Les Québécois qui séjournent en Europe ne comprennent pas tout, eux non plus, surtout si on leur dit qu'une *caisse* est *naze* et que *ça craint un max*! Ils ne *pigent que dalle*! Plusieurs des mots qui sont utilisés en France ne savent pas nager et ne traversent pas l'océan.

Les Québécois, les Acadiens, les Canadiens français, les Belges, les Français, les Haïtiens et plusieurs Africains parlent le français, mais chacun à leur manière. Les mots, les expressions et les accents sont parfois différents, mais les peuples réussissent toujours à se comprendre s'ils font preuve de curiosité et d'ouverture d'esprit. Si un Français dit à un Québécois que son *automobile* est *en panne*, par exemple, ils se comprendront sûrement!

Il en va de même pour toutes les langues internationales, comme le portugais ou l'espagnol. L'anglais n'est pas parlé non plus de la même façon par les Australiens, les Irlandais ou les Texans, et il leur arrive d'avoir du mal à se comprendre entre eux. C'est ce qui a fait dire à l'écrivain George Bernard Shaw que «la Grande-Bretagne et les États-Unis sont séparés par une langue commune»!

VOUS ÊTES UN GÉNIE!

Oui, vous! Pensez-y un peu: quand vous avez commencé l'école, vous ne saviez probablement écrire que quelques lettres. Maintenant, vous les savez toutes (du moins, je l'espère!), et vous savez aussi comment utiliser les parenthèses et les tirets, les virgules et les points d'exclamation. Vous savez aussi conjuguer des verbes, mettre des mots au pluriel ou au féminin... bref, vous avez tous les outils nécessaires pour écrire un roman de mille pages. Avec un peu d'imagination et BEAUCOUP de patience, vous pourriez sûrement y arriver.

Non seulement vous pouvez écrire le français, mais vous pouvez le parler mieux que des milliers d'adultes qui essaient de l'apprendre partout dans le monde. Je serais très content, pour ma part, de parler chinois comme un enfant chinois de cinq ans, mais je n'y arriverai probablement jamais. Même si j'étudiais pendant des années avec les meilleurs professeurs, tous les Chinois sauraient immédiatement que je suis un étranger, et ça n'a rien à voir avec le fait que mes yeux ne sont pas bridés : quand on apprend une langue étrangère une fois devenu adulte, il est très rare qu'on puisse la parler sans accent.

Vous êtes donc un génie (et moi aussi !), mais vous l'étiez encore plus quand vous étiez bébé. Quand vous aviez six mois, vous aviez toutes les peines du monde à émettre un simple « ma », et vous avez probablement travaillé pendant quelques semaines, et peut-être même quelques mois, pour pouvoir dire « maman ». Il y avait à ce moment-là plus de bave que de mots qui sortait de votre bouche, et vous deviez d'ailleurs trouver bien plus amusant de faire des bulles que d'apprendre à prononcer correctement le mot « anticonstitutionnellement »... Mais votre « ma » était quand même un premier pas dans le monde du langage, si bien que deux ans plus tard vous connaissiez plus de 1 500 mots ! C'est assez extraordinaire, quand on y pense : les professeurs de langues estiment qu'il suffit de 300 mots pour se débrouiller dans une langue étrangère, et la plupart des adultes ont un vocabulaire d'environ 3 000 mots.

Mais apprendre des mots n'est rien : il faut aussi les prononcer correctement, conjuguer des verbes et faire des phrases que les habitants de votre pays trouvent logiques... Vous rendez-vous compte que vous avez appris tout cela alors que vous étiez encore un bébé ?

Qu'attendez-vous pour courir remercier vos parents ? Ils vous ont enseigné tout cela gratuitement ! Et n'oubliez surtout pas de leur dire qu'ils ont eu de la chance de donner naissance à un génie !

À vingt et un ans, Panupol Sujjayakorn, un Thaïlandais, avait appris 100 000 mots anglais, mais il était incapable de faire une seule phrase. Il avait tout simplement appris par cœur le contenu du dictionnaire officiel du Scrabble, dont il est le champion toutes catégories.

Vocabulaire

Il existe environ 600 000 mots en français, mais la plupart sont des mots techniques qui sont très rarement utilisés. La plupart des gens se débrouillent avec un vocabulaire allant de 3 000 à 5 000 mots. Un linguiste a déjà calculé que Maupassant, un des plus grands écrivains français, avait un vocabulaire d'environ 15 000 mots.

Au cours de notre vie, il paraît que nous utilisons environ 370 millions de mots. Les plus utilisés sont évidemment les déterminants (le, la, les), les pronoms (je, tu, il) et les conjonctions (et, ou, mais). Seriez-vous capable de deviner quels sont les cinq verbes et les cinq noms les plus utilisés ?

Des linguistes ont analysé des milliers de textes et de conversations pour découvrir que les cinq verbes les plus courants sont « être », « avoir », « aller », « voir » et « faire ». Pouvez-vous deviner quels sont les cinq noms qu'on retrouve le plus souvent ? La réponse se trouve à la fin du livre.

Polyglottes : les gens qui parlent plusieurs langues sont appelés des polyglottes. Le champion mondial est M. Ziad Fazah, qui parle environ 60 langues. Né au Libéria, en Afrique, il a grandi au Liban et vit aujourd'hui au Brésil. Il a appris la plupart des langues qu'il connaît avant l'âge de 20 ans et il en utilise plusieurs couramment, dont le français, l'anglais, l'espagnol, le portugais, l'allemand et l'arabe... Il a parfois besoin de réviser un peu les langues qu'il n'utilise pas très souvent avant de les parler en toute confiance, mais on peut certainement le lui pardonner. Il a participé à plusieurs émissions télévisées où on a testé ses connaissances dans des langues très différentes comme le tchèque, le mongol, le coréen et le hongrois, et il s'en tire toujours très bien ! Peut-être que c'est à lui qu'on devrait demander d'inventer un nouvel esperanto !

Cédille : En français, nous sommes habitués à mettre une cédille pour adoucir les « c ». C'est sûrement une bonne idée : quand on voit le mot *caleçon*, on sait tout de suite qu'il ne faut pas prononcer *calequon* ! Mais pourquoi n'en fait-on pas autant avec la lettre « t », qui ne se prononce pas de la même façon dans «portion» que dans «tigre»? Mettez-vous dans le peau d'un Chinois qui apprend le français: comment faut-il prononcer le «t» de «question»? Est-ce une *question* ou une *quession*? Et le «t» de «quotient»? Avouons que c'est mêlant! En 1776, l'abbé Petity avait proposé qu'on puisse mettre une cédille sous les «t», mais son idée n'a pas été retenue. Les cédilles sous les «t» existent cependant en roumain, et les Lettons en mettent sous les lettres «g», «k», «l», «n» et «r»!

Pangrammes: Une phrase qui contient les 26 lettres de l'alphabet est appelée un *pangramme*. En voici deux exemples:

- Juge, flambez l'exquis patchwork d'Yvon.
- Portez ce vieux whisky au juge blond qui fume!

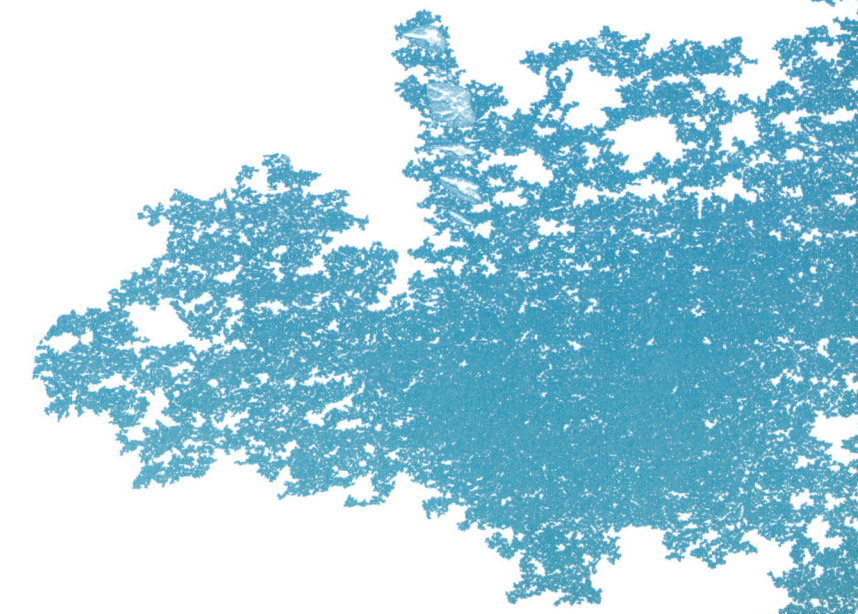

La langue de la diplomatie

Aujourd'hui, l'anglais est devenu la langue la plus utilisée dans les rencontres internationales, mais il n'en a pas toujours été ainsi. Il y a quelques siècles, quand la France était une grande puissance militaire, on utilisait plutôt le français. Si on remonte encore de quelques siècles, les diplomates et les savants utilisaient très souvent le latin, du moins en Europe.

Mais saviez-vous que le huron a déjà été une langue internationale ? Les premiers colons qui arrivaient en Amérique étaient en effet généralement unilingues : ils parlaient français, ou anglais, ou espagnol, ou néerlandais.

Pour se comprendre entre eux, ils utilisaient les langues amérindiennes qu'ils connaissaient, comme le huron ou le cri. Imaginez un peu le premier ministre du Québec qui parlerait algonquin avec le président des États-Unis !

Zéro faute !

Le croate, l'espagnol, le tchèque, le roumain et l'italien sont les langues les plus faciles à écrire : la plupart des mots s'écrivent comme ils se prononcent, et il n'y a que très peu d'exceptions. En Suisse, les élèves de langue italienne écrivent correctement à la fin de la première année primaire ! On ne peut pas en dire autant des francophones...

Soit dit en passant, le chiffre zéro est suivi du pluriel en anglais et en allemand ! C'est plutôt bizarre, non ?

Sourire

Les Néerlandais ne font pas des sourires, mais des *glimlach*, ce qui signifie « rires silencieux ! »

J'ai du mal à le croire !

C'est pourtant vrai : la plupart des langues n'ont pas de verbe pour « être » ou « avoir » ! Plutôt que de dire « j'ai un tigre », les Russes diraient « à moi tigre »..., mais ils le diraient en russe, bien sûr, sinon ce serait du chinois !

L'amour, toujours l'amour !

Jusqu'au début du XXe siècle, les Japonais n'avaient pas de mot pour «amour», mais ils avaient 18 façons différentes de dire «je» !

Le tête de ma tigre

En français, tous les noms ont un genre, ce qui cause bien des maux de tête aux étrangers qui veulent apprendre notre langue. Pourquoi dit-on un soldat, mais une sentinelle ? Mais il y a encore pire… En gallois, les mots changent selon le sexe de leur propriétaire ! Un chat se dit *gath* si son propriétaire est masculin, et *chath* s'il est féminin !

On ne tutoie pas !

Les Acadiens ont l'habitude de tutoyer facilement les gens qu'ils rencontrent. Mais s'ils voyagent en Allemagne, ils doivent faire attention à ce qu'ils disent : tutoyer un fonctionnaire allemand sans autorisation peut vous valoir une amende de 500 euros !

Un mot utile !

Dans la langue tchiluba, parlée au Congo, le mot *ilunga* désigne une personne disposée à pardonner un affront une première fois, à le tolérer quand il est commis une deuxième fois, mais qui rejette l'idée de pardon si l'affront est commis une troisième fois !

Vous êtes polyglotte !

Le mot «silence» se dit *silencio* en espagnol, *silenzio* en italien, *silêncio* en portugais et *silence* en anglais. Si vous apprenez à le prononcer comme il le faut, vous êtes polyglotte ! Si seulement c'était aussi facile pour tous les mots !

Le mot «jardin» se dit *giardino* en italien et *garden* en anglais. C'est un peu moins évident, mais ça se ressemble quand même un peu.

Par contre, un «papillon» se dit *mariposa* en espagnol, *farfalla* en italien, *borboleta* en portugais et *butterfly* en anglais ! Ça n'a rien à voir !

Un conseil : si vous voulez vraiment être polyglotte, taisez-vous ! Le silence est la seule langue universelle !

Substantifs

Avez-vous trouvé les cinq noms qu'on retrouve le plus souvent dans la langue française? Ce sont: «homme», «mari», «femme», «jour» et «mer»! Les cinq mots suivants sont «temps», «main», «chose», «vie» et «yeux».

SOURCES

J'ai beaucoup navigué sur Internet pour écrire ce livre et je me suis souvent servi de Wikipédia. Je me suis aussi amusé en utilisant les outils de traduction en ligne. Si vous n'avez rien à faire et si vous avez envie de rire, je vous recommande d'en faire autant !

Je me suis aussi souvent inspiré d'un ouvrage intitulé *Bouche bée, tout ouïe*, de Alex Taylor. En plus de me donner de précieuses informations sur les différentes langues, il m'a souvent fait sourire. J'espère que vous avez souri vous aussi en lisant ce petit livre que j'ai eu bien du plaisir à écrire !

 DU MÊME AUTEUR CHEZ D'AUTRES ÉDITEURS

Jeunesse

Quel match!, Scholastic, 2011.
La ligue Mikado, Scholastic, 2010.

Série Zack et Zoé
8 titres parmi lesquels:
Il pleut des records, Foulire, 2011.
OK, pour le hockey!, Foulire, 2011.

Série David
9 titres parmi lesquels:
David et le salon funéraire, Dominique et compagnie, 2005.
   • **Prix TD**
David et le fantôme, Dominique et compagnie, 2000.
   • **Prix M. Christie**
   • **Liste d'honneur IBBY**

Deux heures et demie avant Jasmine, Boréal, 1991.
   • **Prix du Gouverneur général**
Zamboni, Boréal, 1990.
   • **Prix M. Christie**
Corneilles, Boréal, 1989.

Album

Quand je serai grand, Hurtubise, 2012.
Débile toi-même et autres poèmes tordus, Les 400 coups, 2007.
Le vilain petit canard, Imagine, 2005.
Voyage en Amnésie et autres poèmes débiles, Les 400 coups, 2004.
Tocson, Dominique et compagnie, 2003.
Madame Misère, Les 400 coups, 2000.
L'été de la moustache, Les 400 coups, 2000.

Adulte

Bonheur fou, Boréal, 1990.
L'Effet Summerhill, Boréal, 1988.
Benito, Boréal, 1987, Boréal compact, 1995.
La Note de passage, Boréal, 1985, B.Q., 1993.

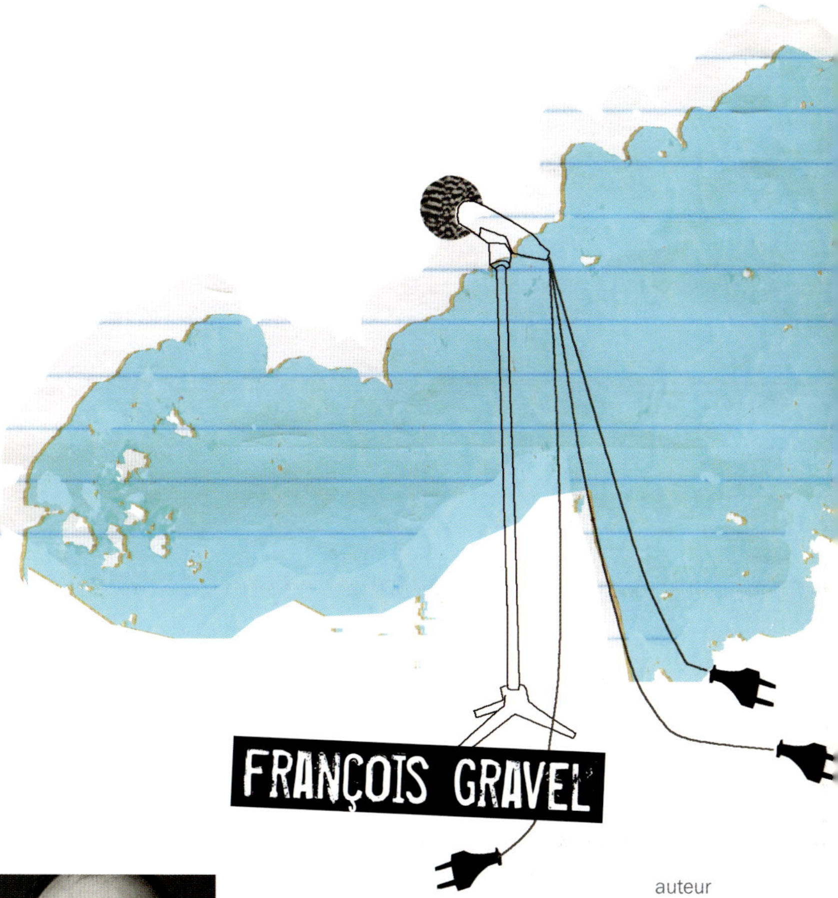

FRANÇOIS GRAVEL

Photo: © Martine Doyon

auteur

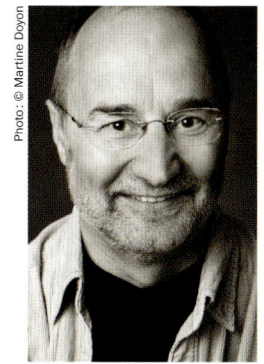

François Gravel, dont l'œuvre compte plus de 50 titres, possède le rare talent de s'adresser avec le même plaisir contagieux à tous les publics, jeunes et moins jeunes. Pour le reste, il n'a jamais escaladé l'Everest, n'a pas joué pour les Canadiens et n'a jamais essayé de provoquer une polémique pour qu'on parle de lui dans les journaux. Il se contente d'écrire des livres et il s'en porte très bien !

 DE LA MÊME ILLUSTRATRICE

Traces dans le sable, Les 400 coups, 2006 (chansons de Pierre Flynn mises en images par plusieurs illustrateurs).
Last cabaret, Les 400 coups, 2005.
Chère Joblo : maux de cœur, de cul et de cocus, Boréal, 2003.
Émilie La Mayou, La Bagnole, 2002.
Poisson et Poissons, Les 400 coups, 2002.
- **Grand Prix Lux Québec en 2002 catégorie Livre pour enfants**

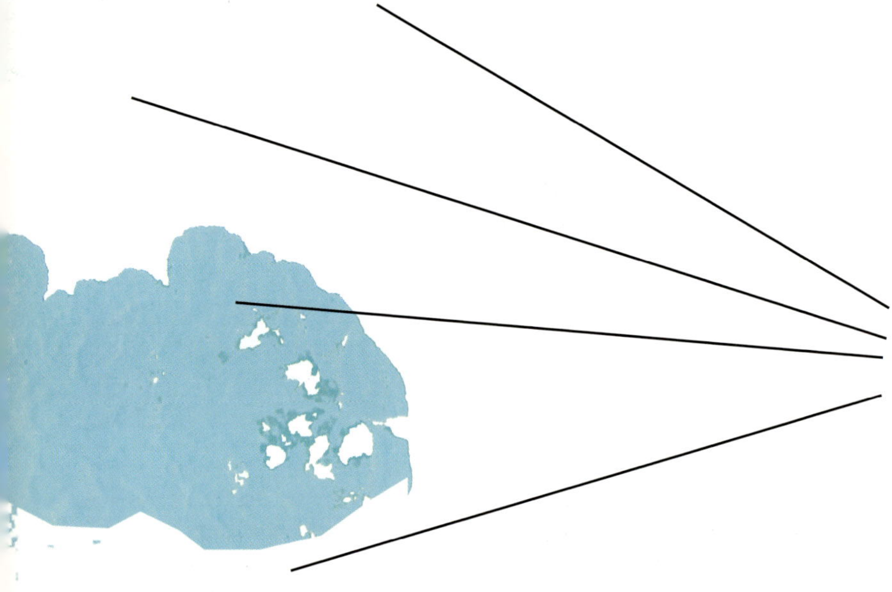

KATY LEMAY

illustratrice

Photo: © Jean-Sébastien Cossette www.jeansebstudio.com

Avec un style personnel unique, Katy Lemay signe des illustrations variées pour différentes maisons d'édition, pour des magazines et pour des journaux aussi bien québécois qu'américains. Elle marie objets, photographies et dessins dans des collages étonnants à la texture particulière. Depuis la fin de ses études en design graphique à l'Université du Québec à Montréal, elle œuvre dans ce domaine qui la passionne et qui lui rend bien son amour en l'ayant faite lauréate de nombreux prix d'illustration.

Adresse du site de l'illustratrice : www.agoodson.com/katy-lemay

SCHLICK!
TOUT PLEIN D'HISTOIRES AVEC DES MOTS

Illustrations de Katy Lemay

Sur le même ton sérieusement amusant que *Cocorico!*, François Gravel aborde le rigoureux sujet de l'étymologie avec l'humour ravageur qu'on lui connaît.

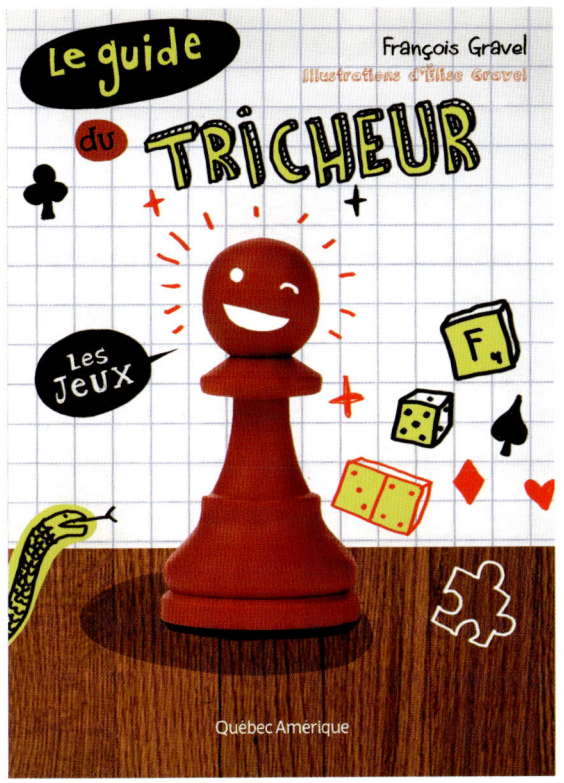

LE GUIDE DU TRICHEUR
LES JEUX

Illustrations d'Élise Gravel

Il n'y a rien de plus ennuyeux que d'être obligé de jouer à des jeux de société, surtout si c'est pour perdre à la fin. Lisez ce guide et apprenez à éliminer le hasard ! Perdre, après tout, c'est bon pour les perdants !

 Visitez le site de
Québec Amérique jeunesse !

www.quebec-amerique.com/index-jeunesse.php